AF194769

Impressum
Verlag: BABADADA GmbH, Nedderfeld 112 , 22529 Hamburg
Geschäftsführer / Verlagsleitung: Harald Hof
Druck: Books on Demand GmbH, In de Tarpen 42, 22848 Norderstedt

Imprint
Publisher: BABADADA GmbH, Nedderfeld 112 , 22529 Hamburg, Germany
Managing Director / Publishing direction: Harald Hof
Print: Books on Demand GmbH, In de Tarpen 42, 22848 Norderstedt, Germany

škola

ښوونځی

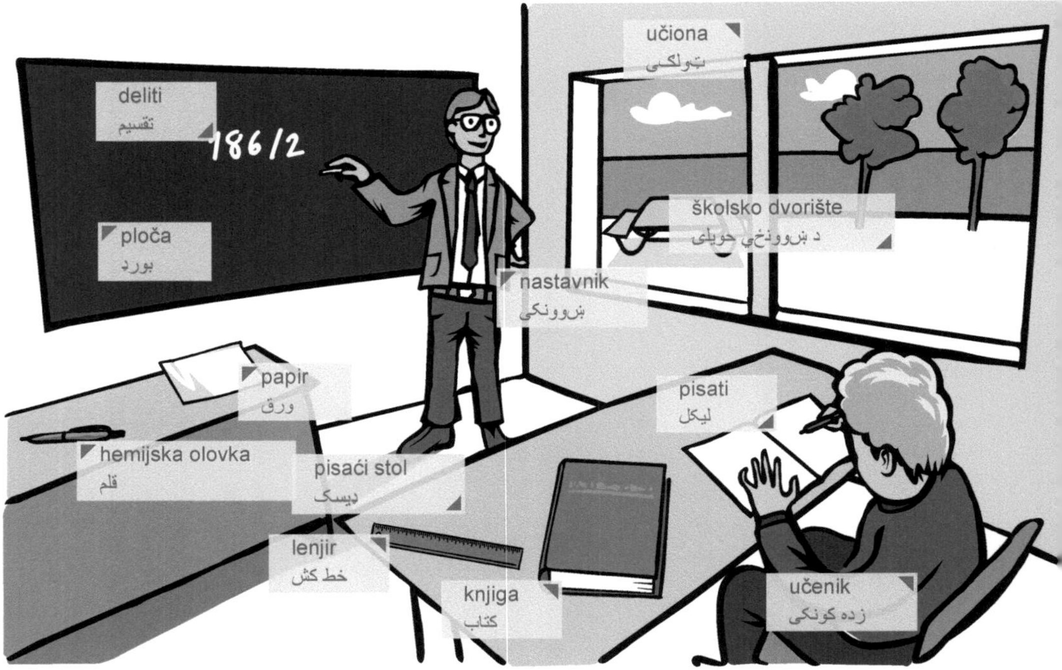
učiona
ټولګی
deliti
تقسیم
186/2
ploča
بورډ
školsko dvorište
د ښوونځي حویلۍ
nastavnik
ښوونکی
papir
ورق
pisati
لیکل
hemijska olovka
قلم
pisaći stol
ډیسک
lenjir
خط کش
knjiga
کتاب
učenik
زده کونکی

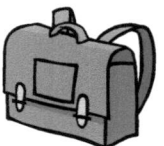

torba

کڅوره

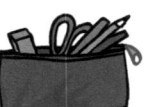

pernica

د پنسل بکسه

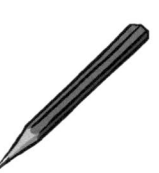

grafitna olovka

پنسل

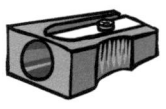

šiljilo za olovke

پنسل تراش

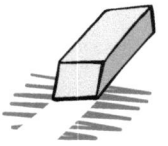

gumica za brisanje

ربړ

blok za crtanje

د رسامۍ پاڼه

crtež

رسامي

kist

د نقاشی برس

kutija sa bojama

د نقاشی بکس

makaze

قیچی

lepilo

سریش

beležnica

د تمرین کتاب

domaći zadatak

کورنی دنده

broj

شمیر

sabirati

جمع

oduzimati

منفي

množiti

ضرب

računati

حساب

slovo

توری

abeceda

الفبا

hello

reč

کلمه

tekst

متن

čitati

للستول

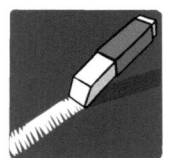

kreda

تباشير

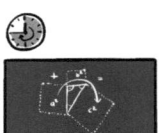

čas

درس

dnevnik

رجستر

ispit

ازموينه

svedočanstvo

تصدیق پانه

školska uniforma

د ښوونخي يونيفارم

obrazovanje

تعليم

leksikon

دایره المعارف

univerzitet

پوهنتون

mikroskop

مايکروسکوپ

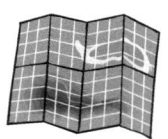

karta

نقشه

košara za papir

اشغالدانی

putovanje
سفر

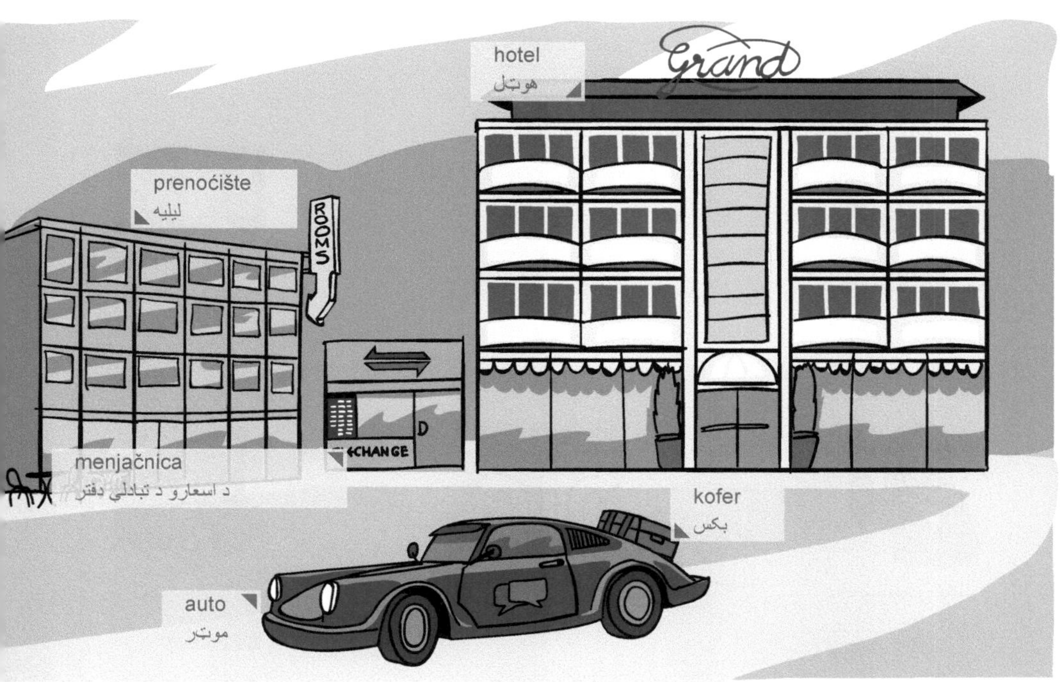
hotel
هوټل
Grand
prenoćište
ليليه
ROOMS
menjačnica
د اسعارو د تبادلې دفتر
kofer
بکس
auto
موټر

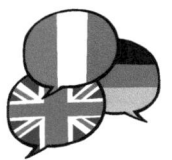

jezik
ژبه

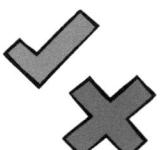

da / ne
هو/نه

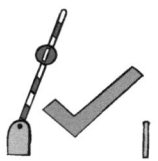

okej
سمه ده

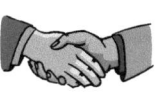

zdravo
سلام

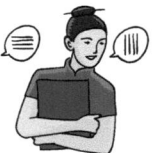

prevodilac
ژباړونکی

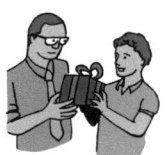

hvala
مننه

Koliko košta...?

څومره دي...؟

ne razumem

زه نه پوهيږم

problem

ستونزه

dobro veče!

مازیگام مو پخیر!

Dobro jutro!

سهار په خیر!

Laku noć!

شپه په خیر!

doviđenja

په مخه مو ښه

smer

لارښود

prtljaga

سامان

torba

بیک

ruksak

شاتنی بکس

gost

میلمه

soba

خونه

vreća za spavanje

د خوب کڅوړه

šator

خیمه

turističke informacije

د توريزم معلومات

plaža

ساحل

kreditna kartica

کریدیټ کارت

doručak

ناری

ručak

د غرمي خواړه

večera

د شپي خواړه

karta za vožnju

تيکټ

lift

لفټ

poštanska markica

مهر

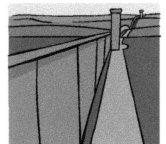

granica

پوله

carina

ګمرک

ambasada

سفارت

viza

ویزه

pasoš

پاسپورت

transport
ټرانسپورټ

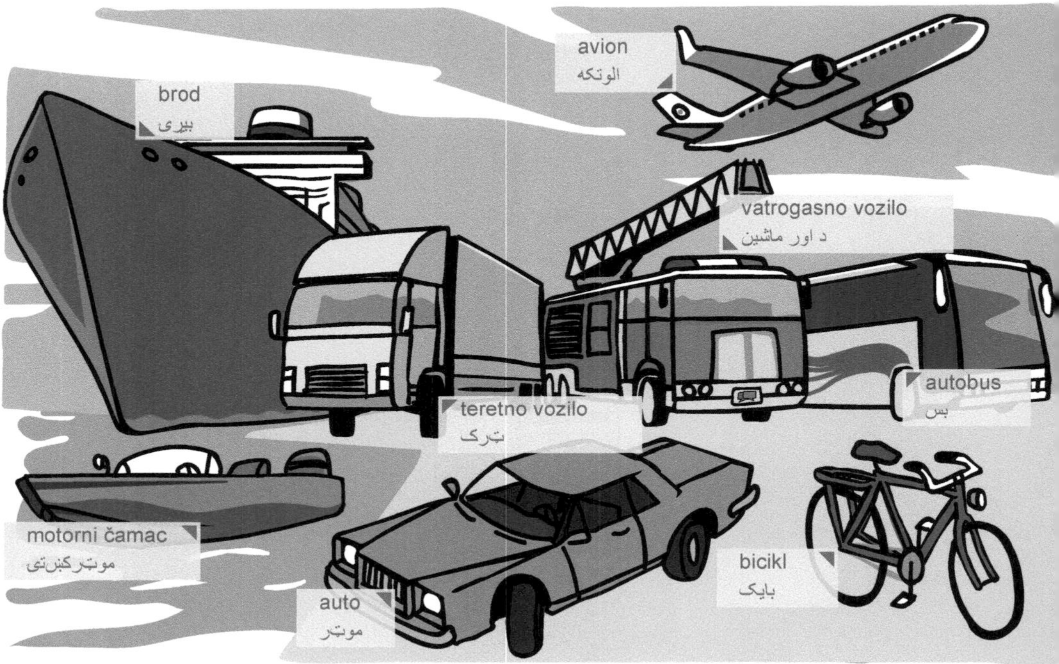

avion
الوتکه
brod
بېړۍ
vatrogasno vozilo
د اور ماشين
autobus
بس
teretno vozilo
ټرک
motorni čamac
موټرکښتۍ
bicikl
بايک
auto
موټر

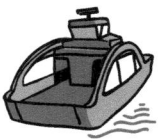

trajekt
....
کښتۍ

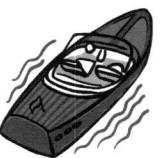

čamac
....
کښتۍ

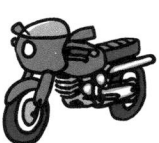

motocikl
....
موټرسايکل

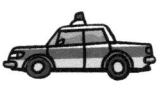

policijski auto
....
د پوليسو موټر

trkaći auto
....
د ريس موټر

iznajmljeno auto
....
کرايي موټر

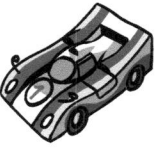

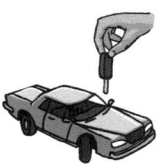

delenje automobila

د کرایه موټري

vučno vozilo

جرثقیل لرونکی ټرک

vozilo za odvoz smeća

ریفیوز ټرک

motor

موټر

benzin

سونګ توکي

benzinska stanica

پټرول سټیشن

saobraćajni znak

ترافیکي نښه

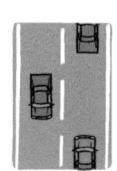

saobraćaj

ترافیک

zastoj

جام ترافیک

parkiralište

د موټرو تمځای

železnička stanica

د ریل سټیشن

šine

پلیټکي

voz

ریل

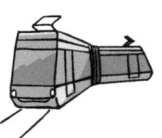

tramvaj

ټرام

vagon

واګون

helikopter

چورلکه

aerodrom

هوايي ډګر

kula

برج

putnik

مسافر

kontejner

کانتينر

karton

کارتون

kolica

کارت

korpa

ټوکری

uzleteti / sleteti

الوتنه کول/کښېناستل

grad

ښار

selo

کلی

centar grada

د ښار مرکز

kuća

کور

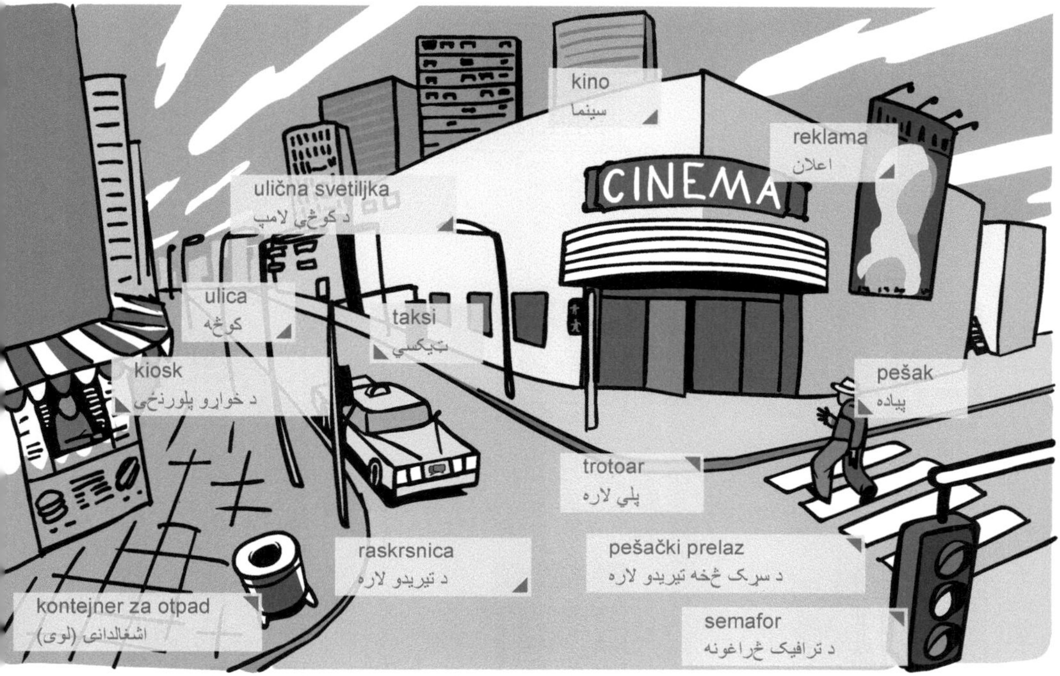

kino
سینما

reklama
اعلان

ulična svetiljka
د کوڅی لامپ

CINEMA

ulica
کوڅه

taksi
ټیکسی

pešak
پیاده

kiosk
د خوارو پلورنځی

trotoar
پلي لاره

raskrsnica
د تیریدو لاره

pešački prelaz
د سرک څخه تیریدو لاره

kontejner za otpad
اشغالدانی (لوی)

semafor
د ترافیک څراغونه

koliba

کودله

stan

اپارتمان

železnička stanica

د ریل سټیشن

većnica

ټاون هال

muzej

میوزیم

škola

ښوونځی

univerzitet

پوهنتون

banka

بانک

bolnica

روغتون

hotel

هوټل

apoteka

درملتون

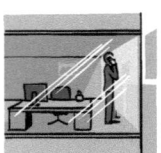

kancelarija

دفتر

knjižara

کتاب پلورنځی

prodavnica

پلورنځی

cvećara

د ګلانو پلورنځی

supermarket

لوی پلورنځی

trg

مارکیټ

robna kuća

د ډیپارتمنټ سټور

ribarnica

کب پلورنځی

trgovački centar

د پلور مرکز

luka

لنګرتون

park

پارک

klupa

بینچ

most

پل

stepenice

زینه

podzemna železnica

د ځمکي لاندی

tunel

تونل

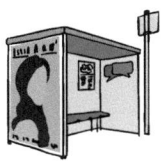

autobuska stanica

بس تمځای

bar

بار

restoran

ریستورانت

poštansko sanduče

پوست بکس

ulični znak

د کوڅی نښه

parkirni automat

د پارک کولو میتر

zoološki vrt

ژوبڼ

bazen

د لامبو حوض

džamija

مسجد

seosko gazdinstvo

كرونده

zagađenje okoline

ناپاکي

groblje

هدیره

crkva

چرچ

igralište

د لوبو ډکر

hram

معبد/کلیسا

pejsaž

منظره

list
پاڼه

putokaz
د لارښوونې نښه

put
لاره

livada
چمن

kamen
کاڼی

drvo
ونه

šetač
هیکر

reka
سیند

trava
واښه

cvijet
ګل

dolina

درہ

planina

غوندی

jezero

ناور

šuma

ځنګل

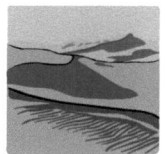

pustinja

دشته

vulkan

اورشیندی

dvorac

کلا

duga

رنګین کمان

gljiva

مرخیړي

palma

پلم ونه

moskito

ماشي

muva

الوتل

mrav

میږی

pčela

مچۍ

pauk

غوندڼ/جولا

pejsaž - منظره   15

buba

كونكت

žaba

چونكبڼه

veverica

نولى

jež

زيرکى

zec

سوى

sova

كونگ

ptica

مرغى

labud

قازه

divlja svinja

نرخوگ

jelen

هوسى

los

گاوزه

nasip

بند

vetrenjača

بادي توربين

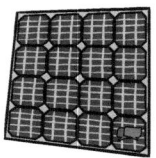

solarna ploča

سولر تختى

klima

اقليم

16   **pejsaž** - منظره

restoran

ریسټورانټ

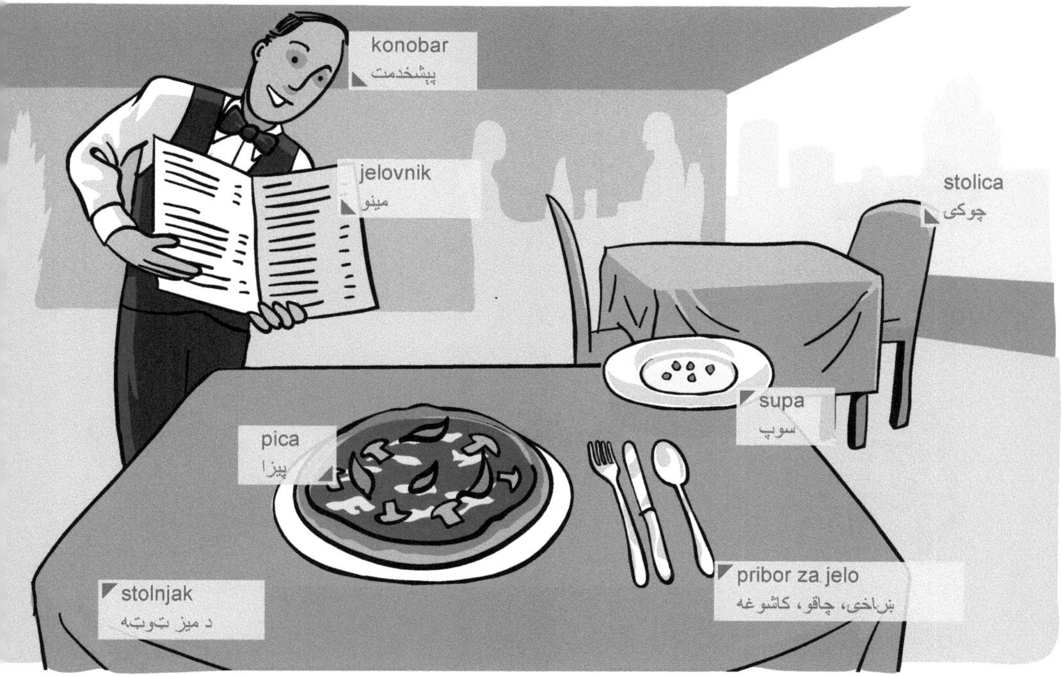

konobar
پیشخدمت
jelovnik
مینو
stolica
چوکۍ
supa
سوپ
pica
پیزا
stolnjak
د میز ټوټه
pribor za jelo
بڼاخې، چاقو، کاشوغه

predjelo

سټارټر

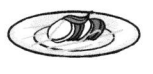

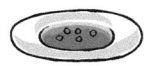

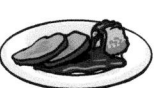

glavno jelo

اصلي خواړه

desert

شیریني

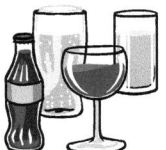

napitci

څښاک

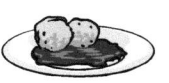

jelo

خواړه

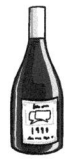

flaša

بوتل

brza hrana

فاسټ فوډ

imbis hrana

د کوڅی خواره

čajnik

چای جوش

doza za šećer

قندانی

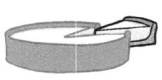

porcija

برخه

aparat za espresso

أسپرسو مشین

visoka stolica

لوړه چوکی

račun

رسید

poslužavnik

مجمه

nož

چاکو

viljuška

پنجه

kašika

قاشق

čajna kašika

چای قاشق

salveta

سورویت

čaša

گلاس

tanjir

پلیټ

tanjir za supu

د سوپ پلیټ

tanjirić

نالبیکی

sos

ساس

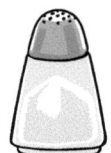

soljenka

مالګه شیندونکی

mlin za biber

د مرچ ټکولو لوخی

sirće

سرکه

ulje

غوړي

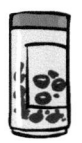

začini

مساله

kečap

کچ اپ

senf

مشرشم

majoneza

چکه

supermarket
لوی پلورنځی

ponuda
ځانګړی وړاندیز
FOR
kupac
پیرودونکی
mlečni proizvodi
لبنیات
voće
میوه
kolica za kupovinu
لاسي ګرځ

BUTCHERS

mesnica

قصابي

BAKERY

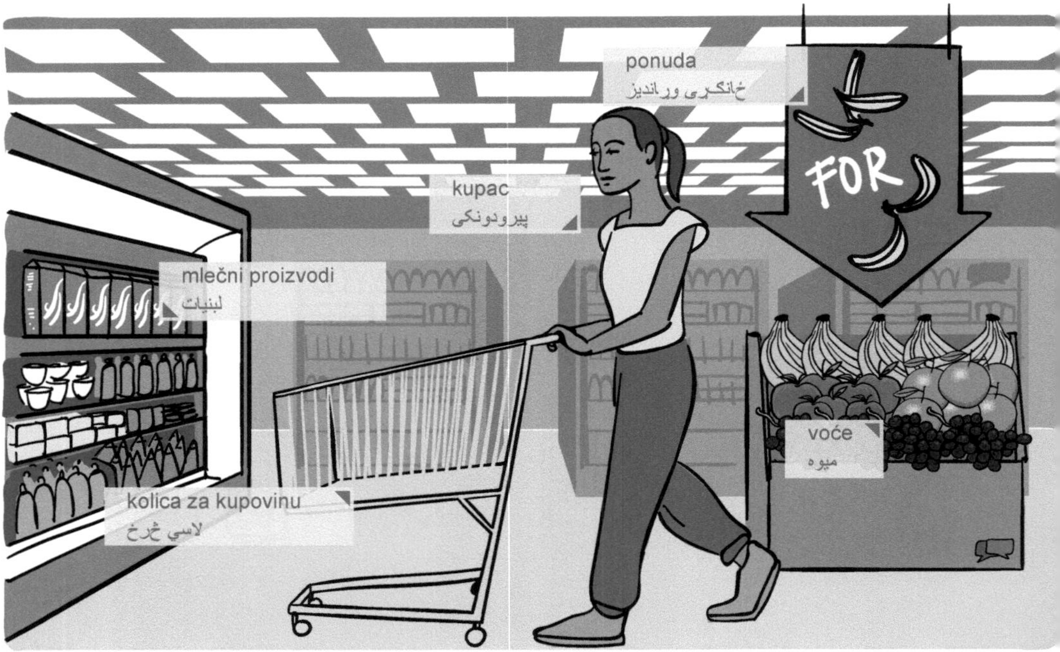

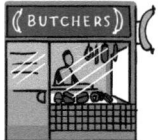

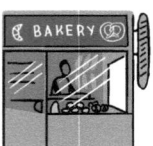

pekara

نانوایی

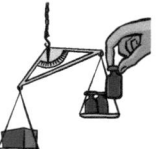

vagati

وزن کول

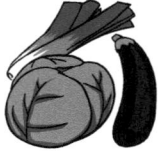

povrće

سبزیجات

meso

غوښه

smrznuta hrana

کنګل خواړه

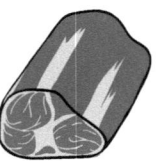

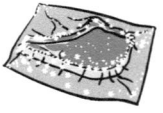

narezak

يخه غوښه

konzerve

کنسروا خواړه

sredstvo za pranje

د مينځلو پودر

slatkiši

شيريني

artikli za domaćinstvo

کورني توليدات

sredstva za čišćenje

د پاکولو محصولات

prodavačica

د پلور فرد

blagajna

د نغدي راجستر

blagajnik

صراف

lista za kupovinu

د پيرود ليست

vreme rada

کاري ساعتونه

novčanik

بټوه

kreditna kartica

کريډيت کارت

torba

کڅوړه

plastična kesa

پلاستيک کڅوړه

voda

اوبه

sok

جوس

mleko

شیده

kola

کوک

vino

واین

pivo

بیر

alkohol

الکول

kakao

ککاو

čaj

چای

kava

کافي

espresso

اسپرسو

cappuccino

کپچینو

banana

کیله

jabuka

مڼه

narandža

نارنج

lubenica

هندوانه

limun

لیمو

šargarepa

ګازره

beli luk

هوږه

bambus

بانکس

luk

پیاز

gljiva

مرخیړي

orašasti plodovi

چغزی

rezanci

آش

špagete

سپيگتي

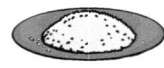

riža

وريجي

salata

سلاد

pomfrit

چپس

pečeni krumpir

سره کړي کچالو

pica

پيزا

hamburger

همبرگر

sendvič

ساندويچ

šnicla

کتره

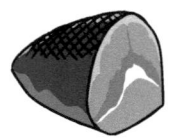

šunka

د پتون غوښه

salama

سلمي

kobasica

ساسج

kokoš

چرگ

pečenje

روست

riba

کب

zobene pahuljice

د وربشي شيرني

musli

موسلي

kukuruzne pahuljice

د جوار پلی

brašno

اوړه

kroasan

کروسانت

pecivo

د ډوډی رول

hleb

ډوډی

toast

ټوسټ

keksi

بسکيټ

maslac

کوچ

sveži sir

چکه

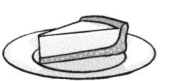

kolač

کيک

jaje

هګی

jaje na oko

پښي هګی

sir

پنير

sladoled

آیس کریم

šećer

بوره

med

شهد

marmelada

مربا

nugat krema

نوگات کریم

kari

کورکمان

seosko gazdinstvo
کرونده

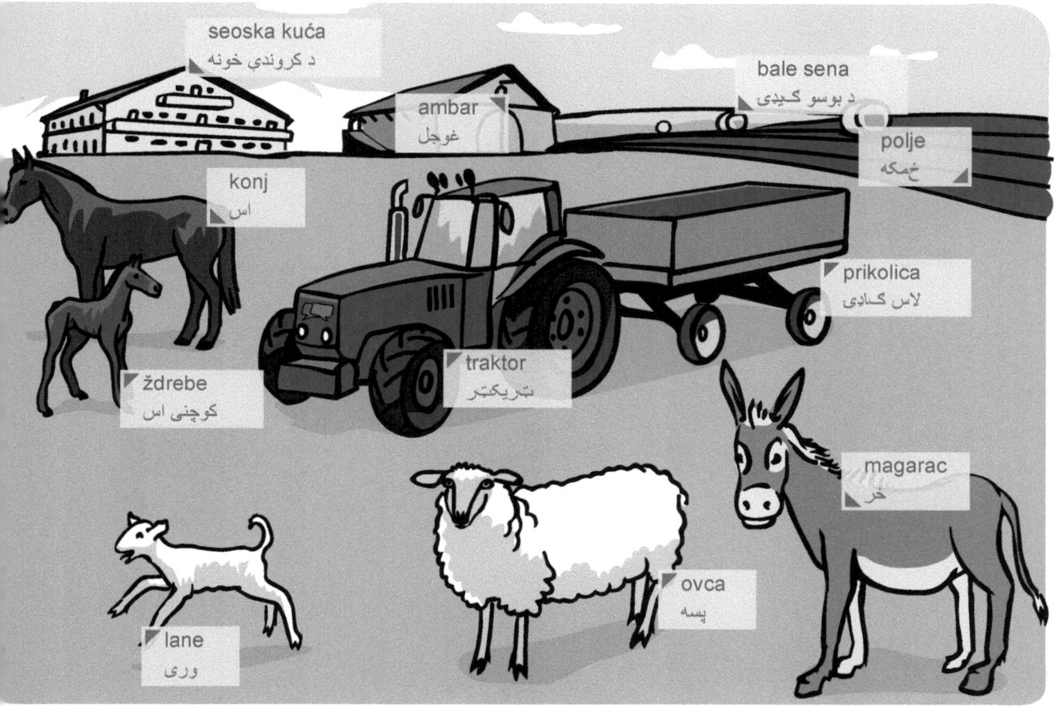
seoska kuća
د کروندي خونه
ambar
غوجل
bale sena
د بوسو ګیډۍ
polje
خمکه
konj
اس
prikolica
لاس ګاډی
traktor
ټریکټر
ždrebe
کوچنی اس
magarac
خر
ovca
پسه
lane
وری

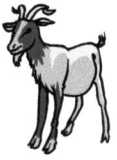

koza
....
وزه

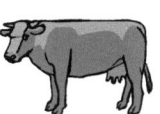

krava
....
غوا

tele
....
خوسکی

svinja
....
خوګ

prase
....
د خوګ بچی

bik
....
غويی

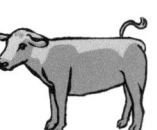

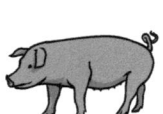

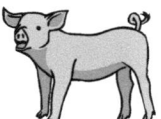

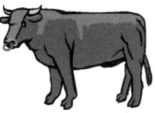

guska

بته

patka

هيلی

pilići

چرگوری

kokoš

چرګه

petao

بانګي

pacov

سارای موږک

mačka

پيشک

miš

موږک

vol

غویی

pas

سپی

kućica za psa

د سپي خونه

vrtno crevo

د باغ هوز

kanta za polivanje

د اوبو لوخی

kosa

لور (داس)

plug

يوی

srp

لور

motika

رمبی

viljuška za đubrivo

ښاخی

sekira

تبر

tačke

کراچی

korito

ناوه

posuda za mleko

د شیدو لوخی

vreća

جوال

ograda

کټاره

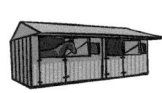

štala

مضبوط

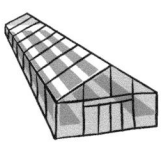

staklenik

ښنه خونه

zemlja

خاوره

seme

تخم

đubrivo

سره/کود

kombajn

کـد ریبونکی ماشین

žeti

زيرمه كول

žetva

درمند

jams začin

خواړه كچالو

pšenica

غنم

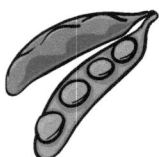

soja

سويا

krumpir

كچالو

kukuruz

جوار

uljana repica

نباتي تخم

voćka

د ميوي ونه

gomolj manioke

مانيوک

žitarice

غله

kuća

کور

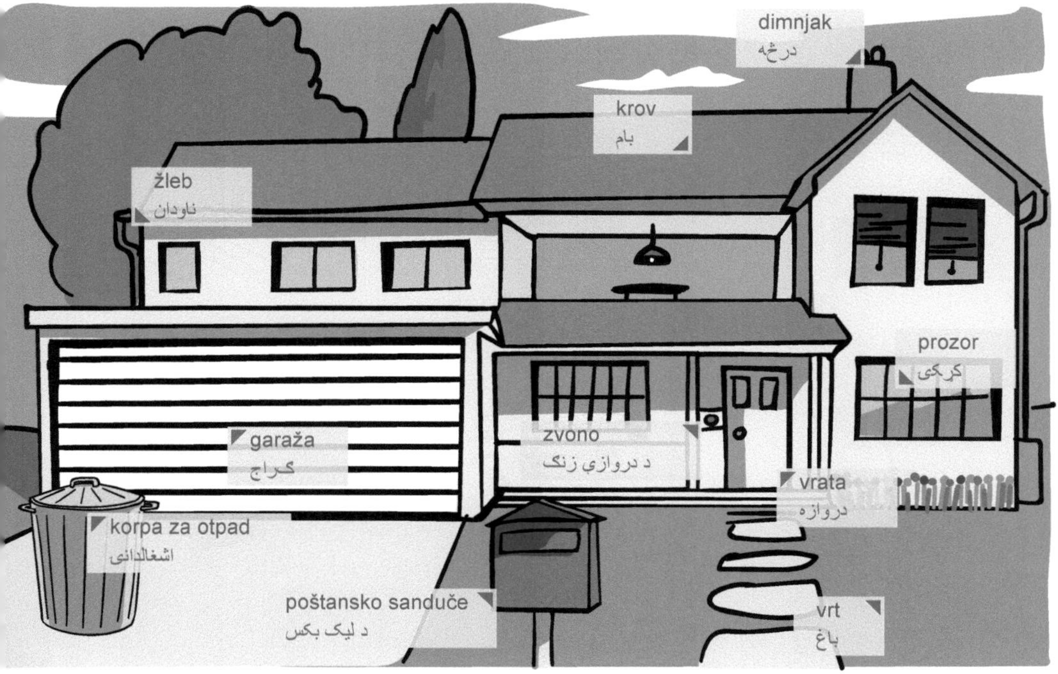
dimnjak
درځه
krov
بام
žleb
ناودان
prozor
کړکۍ
garaža
ګراج
zvono
د دروازې زنګ
vrata
دروازه
korpa za otpad
اشغالدانی
poštansko sanduče
د لیک بکس
vrt
باغ

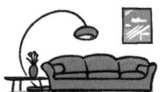

dnevna soba

د اوسیدو خونه

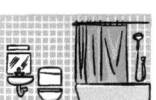

kupaonica

حمام

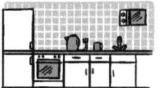

kuhinja

پخلنځی

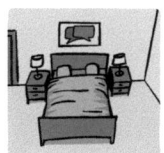

spavaća soba

د ویده کیدو خونه

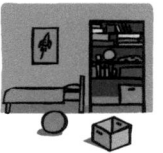

dečija soba

د ماشوم خونه

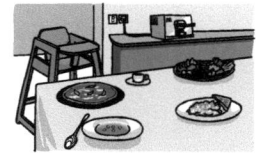

trpezarija

د خوارو خونه

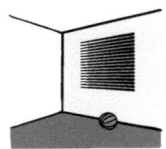

pod

فرش

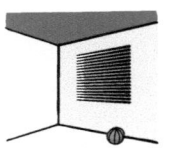

zid

ديوال

strop

چت

podrum

زيرخانه

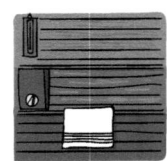

sauna

سونا

balkon

بالکوني

terasa

تراس

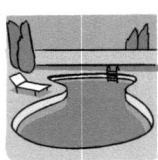

bazen

حوض

kosilica za travu

د چمن وهلو ماشين

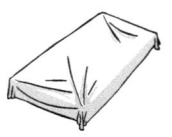

posteljina za krevet

شيت

deka za krevet

روجايي

krevet

تخت

metla

جارو

kanta

بوکه

prekidač

سويچ

dnevna soba
د اوسیدو خونه

tapeta
والپیپر
slika
عکس
svetiljka
لامپ
regal
شیلف
ormar
الماری
televizija
تلویزیون
kamin
نغری
cvijet
گل
jastuk
بالښت
kauč
صوفه
vaza
گلدانی
daljinski upravljač
ریموټ کنټرول

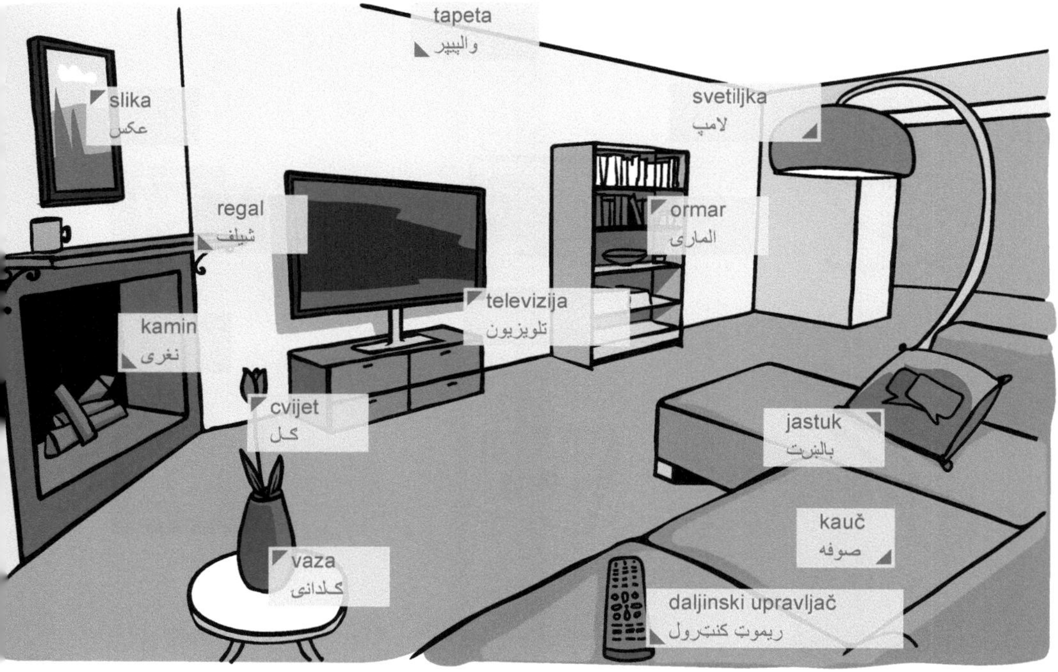

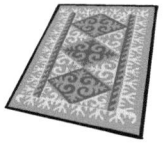

tepih

غالی

zavesa

پرده

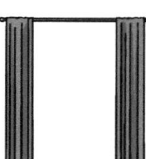

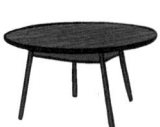

sto

میز

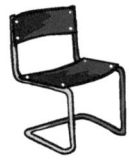

stolica

چوکی

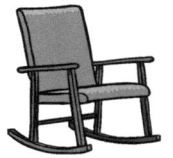

stolica za njihanje

تاویدونکي چوکی

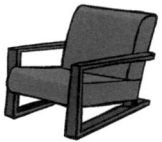

fotelja

بازو لرونکی چوکی

knjiga

کتاب

deka

کمپل

dekoracija

دیکوریشن

drvo za ogrev

د اور لرکي

film

فلم

hi-fi uređaj

هایـفای

ključ

کلي

novine

ورځپاڼه

slika na platnu

نقاشي

poster

پوسټر

radio

راډيو

blok za pisanje

کتابچه

usisivač

واکیوم جارو

kaktus

کاکتوس

sveća

شمع

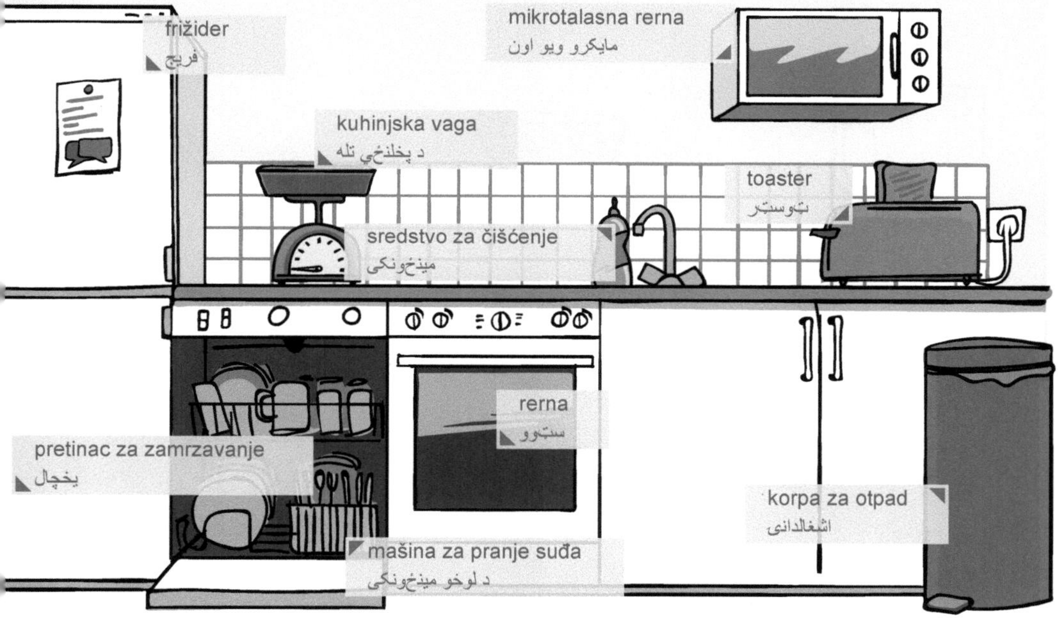

frižider
فريج

mikrotalasna rerna
مايکرو ويو اون

kuhinjska vaga
د پخلنځي تله

sredstvo za čišćenje
مينځونکی

toaster
ټوسټر

rerna
سټوو

pretinac za zamrzavanje
يخچال

korpa za otpad
اشغالدانی

mašina za pranje suđa
د لوخو مينځونکی

šporet
ديک بخار

lonac
لوخی

gvozdeni lonac
چدني لوخی

wok / kadai
ووک

tava
د تلی په

kuvalo za vodu
چای جوش

kuvalo na paru

د بخار دیگ

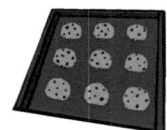

lim za pečenje

پتنوس

posuđe

لوخي

čaša

مګ

posuda

کاسه

štapići za jelo

د رانیولو اوزار

kutlača

څمڅی

lopatica

کفګیر

penjača

پاکونکی

sito za kuvanje

صافي

sito

غلبیل

ribež

کریتر

mužar

اونګ

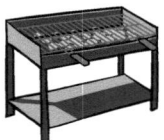

roštilj

بار بي کیو

ognjište

خلاص اور

daska

تخته

oklagija

هوارونکی

vadičep

کارک سکريو

konzerva

ټېم

otvarač konzervi

د ټېم خلاصونکی

krpa za lonac

د لوخي ټوته

sudoper

ظرف شوی

četka

برس

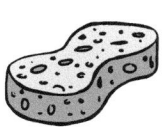

sunđer

سپنج

mikser

بلیندر

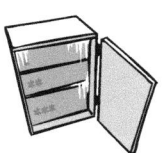

zamrzivač

ژور یخچال

flašica za bebe

د ماشوم بوتل

slavina za vodu

نل

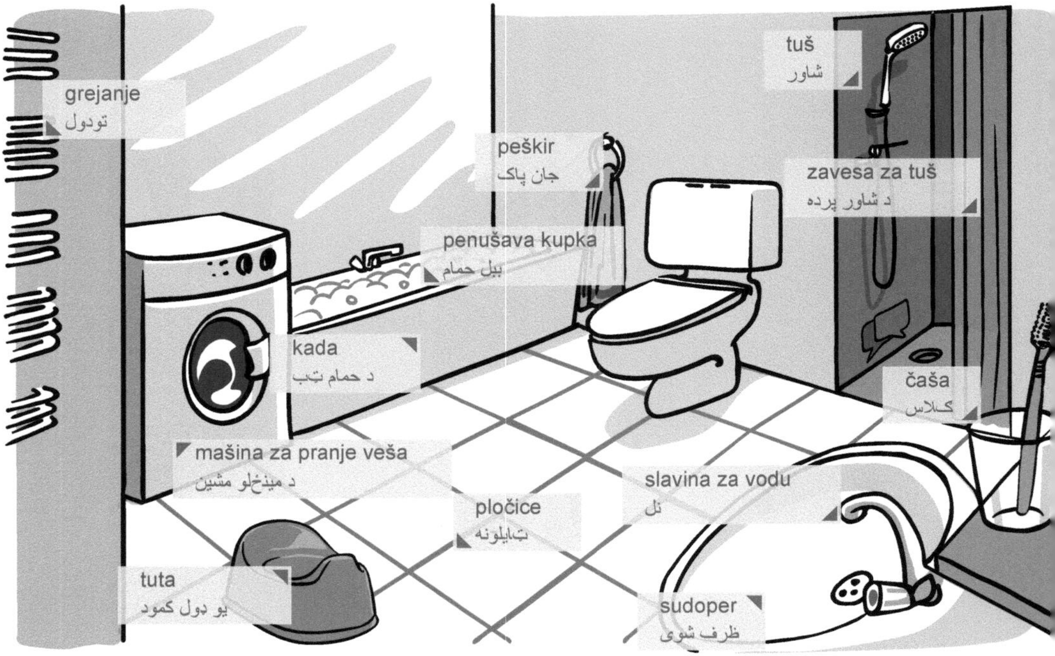

tuš
شاور

grejanje
تودول

peškir
جان پاک

zavesa za tuš
د شاور پرده

penušava kupka
ببل حمام

kada
د حمام تُب

čaša
ګلاس

mašina za pranje veša
د مینځلو مشین

slavina za vodu
نل

pločice
ټابلونه

tuta
يو ډول كمود

sudoper
ظرف شوی

toalet

تشناب

čučavac

فرشي كمود

bidet

كمود

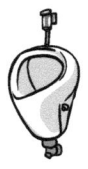

pisoar

د متيازو ځای

toaletni papir

تشناب كاغذ

četka za toalet

د تشناب برس

četkica za zube

د غاښونو برس

pasta za zube

د غاښونو کریم

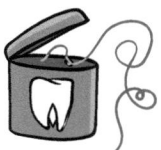

konac za zube

د غاښونو نخ

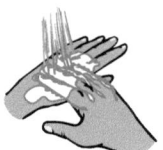

prati

مینځل

tuš ručica

لاسي شاور

tuš za pranje intimnih delova

دوش

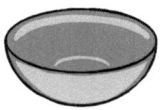

lavor

خانک

četka za pranje leđa

د شا برس

sapun

صابون

gel za tuširanje

د شاور ژل

šampon

شامپو

krpa za pranje

فلانل جامه

odvod

وچول

krema

کریم

dezodorans

سپری

ogledalo

آینه

kozmetičko ogledalo

لاسي آینه

brijač

ریزر

pena za brijanje

د خریلو فوم

losion za posle brijanja

د خریلو وروسته

češalj

کمڅخ

četka

برس

fen za kosu

د ویښتانو وچونکی

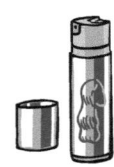

sprej za kosu

د ویښتانو سپری

makeup

میک اپ

ruž za usne

لیپ سټیک

lak za nokte

د نوکانو پالش

vata

کاټن وری

makaze za nokte

ناخن گیر

parfem

عطر

kozmetička torbica

د مينخلو كۋوره

stolica

ستول

vaga

د وزن كولو تله

ogrtač

د حمام پوښاک

rukavice za čišćenje

د ربر دستكش

tampon

تامپون

uložak

صحيى جان پاک

hemijski toalet

كيميكل تشناب

dečija soba

د ماشوم خونه

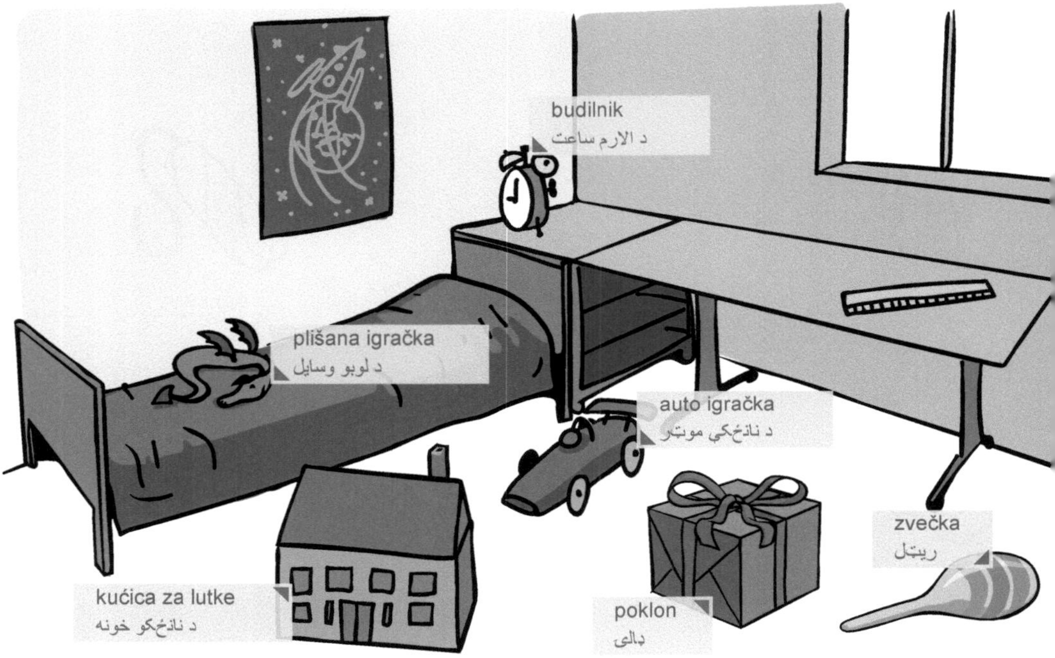
budilnik
د الارم ساعت
plišana igračka
د لوبو وسایل
auto igračka
د ناڅځکي موټر
kućica za lutke
د ناڅځکو خونه
poklon
ډالۍ
zvečka
ریټل

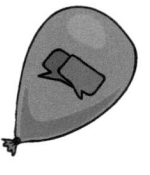

balon

بالون

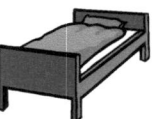

krevet

تخت

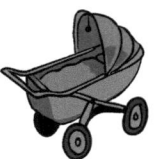

dječija kolica

کالسکه

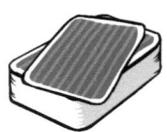

igra s kartama

د لوبو ورقي

slagalica

جیگسا

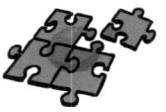

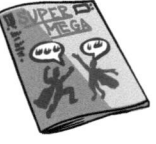

strip

مسخره

lego kockice

ليگو بريک

kockice za slaganje

د ناڅخكو بلاک

akcioni junak

د اكشن فيگور

benkica za bebe

د ماشوم پوښاک

frizbi

فريزبي

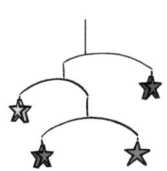

viseće igračke

موبايل

društvene igre

بورډ لوبه

kocka

تاس

minijaturna željeznica

ماډل ريل سيټ

duda

ګونگشى

zabava

پارتي

slikovnica

د عكسونو اليوم

lopta

بال

lutka

ناڅخكه

igrati

لوبيدل

pješčanik

د ښکو کنده

ljuljačka

سوینگ

igračka

نانځکي

konzola za igre

د ويډيو لوبو کنسول

tricikl

تسرای سایکل

tedi

ګوډبکه

ormar

د کالو الماری

odeća

پوښاک

kratke čarape

جرابي

čarape

لوړي جرابي

hulahopke

ټایټینس

šal
ژوړکی

kaiš
کمربند

kišobran
چتری

majica
ټي شرت

čizme
بوټان

papuče
سلیپر

patike
سنیکر

sandale

سینډل

cipele

بوټان

gumene čizme

د ربر بوټان

gaćice

زیرنیکري

grudnjak

سینه بند

potkošulja

واسکټ

bodi

بادي

pantalone

پتلون

farmerke

جينز

suknja

لمن

bluza

بلاوز

košulja

شرت

džemper

بنيان

džemper s kapuljačom

سويټر

sako

بليزر

jakna

جاكټ

kaput

كوټ

kabanica

د باران کوټ

kostim

پوښاک

haljina

كالي

venčanica

د واده پوښاک

odelo

دريشي

spavaćica

د ښځې پوښاک

pidžama

پاجامه

sari

ساري

marama za glavu

لوپټه

turban

پټکی

burka

برقه

kaftan

كفتن

abaja

عبا

kupaći kostim

د لامبو پوښاک

kupaće gaćice

نیکر

kratke pantalone

شارټ

odeća za trening

د جُغاستي پوښاک

kecelja

پیش بند

rukavice

دستکش

dugme

بتڼ

naočare

عینک

narukvica

لاس بند

ogrlica

غاړه کی

prsten

ګوتمه

naušnica

غوږوالۍ

kapa

خولۍ

vešalica

کوټ بند

šešir

خولۍ

kravata

نټایی

patent zatvarač

خځخیر

kaciga

هیلمیټ

naramenice

ترونکی

školska uniforma

د ښوونځي یونیفارم

uniforma

یونیفارم

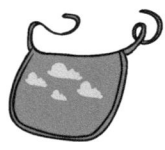

podbradak

بیب

duda

ګونګشی

pelena

نیپي

kancelarija

دفتر

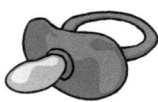

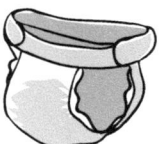

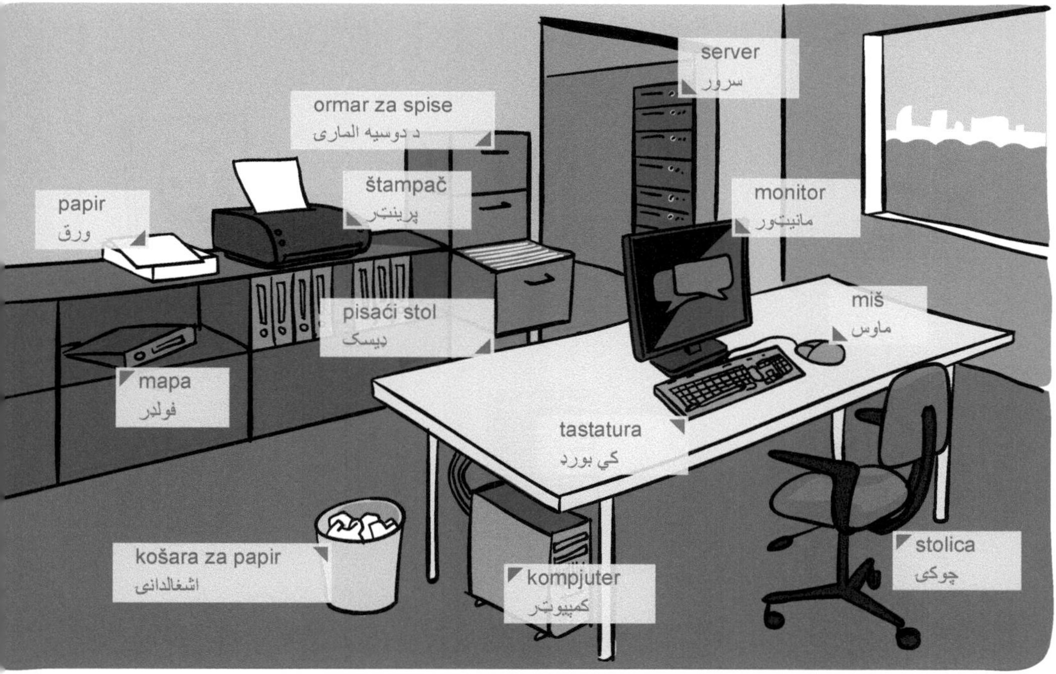

server
سرور
ormar za spise
د دوسیه الماری
papir
ورق
štampač
پرینټر
monitor
مانیټور
pisaći stol
ډیسک
miš
ماوس
mapa
فولډر
tastatura
کي بورډ
košara za papir
اشغالدانی
kompjuter
کمپیوټر
stolica
چوکۍ

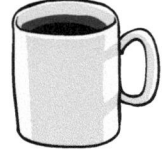

šalica za kavu

د کافي پیاله

kalkulator

کالکولیټر

internet

انټرنیټ

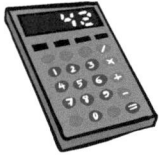

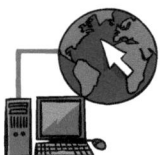

laptop

لپ ټاپ

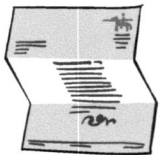

pismo

ليک

poruka

پيغام

mobilni telefon

موبايل

mreža

نيټورک

uređaj za kopiranje

فوټوکاپير

softver

سافټوير

telefon

تليفون

utičnica

پلګ ساکټ

faks

فکس مشين

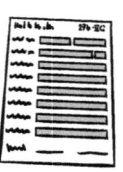

formular

فارم

dokument

سند

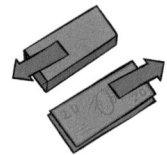

kupovati

پېرل

platiti

تادیه کول

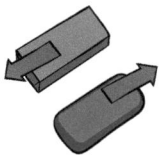

trgovati

سوداګري کول

novac

پیسي

 USD

dolar

ډالر

 EUR

evro

یورو

JPY

jen

ين

RUB

rublja

ربل

CHF

švajcarski franak

سویسي فرانک

CNY

renmindbi juan

رینمینبي یوان

INR

rupija

روپی

automat za novac

د نغدي پیسو خای

menjačnica

د اسعارو د تبادلي دفتر

zlato

سره زر

srebro

سپين زر

nafta

تيل

energija

انرژي

cena

نرخ

ugovor

قرارداد

porez

ماليه

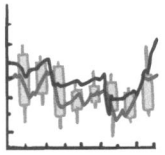

deonica

اسهام

raditi

کار کول

službenik

کارمند

poslodavac

کار کومارونکی

fabrika

فابريکه

prodavnica

پلورنځی

zanimanja
مسلکونه

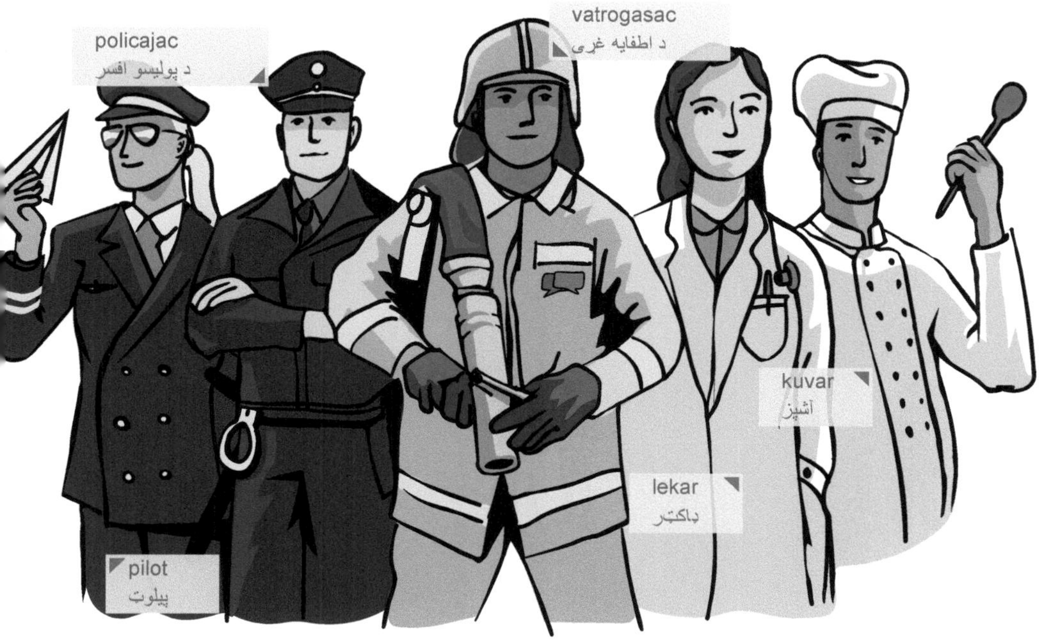

vatrogasac
د اطفایه غړی
policajac
د پولیسو افسر
kuvar
آشپز
lekar
داکټر
pilot
پیلوټ

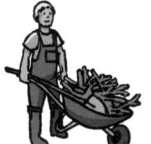

vrtlar
باغوان

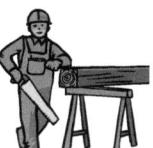

stolar
نجار

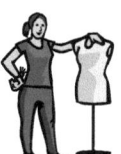

krojačica
خیاط

sudija
قاضي

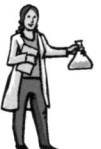

hemičar
کیمیا پوه

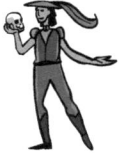

glumac
د فلم لوبغاړی

vozač autobusa

د بس ډرايور

vozač taksija

د ټيکسي ډرايور

ribar

کب نيونکی

čistačica

خدمه

krovopokrivač

بام جوړونکی

konobar

پيشخدمت

lovac

ښکاري

slikar

نقاش

pekar

نانوا

električar

د بريښنا کارکونکی

građevinski radnik

تعمير جوړونکی

inženjer

انجنير

mesar

قصاب

limar

نلدوان

poštar

پوست رسونکی

vojnik

سرتیری

arhitekta

مهندس

blagajnik

صراف

cvećar

مالیار

frizer

نایی

kondukter

کلیندر

mehaničar

میکانیک

kapetan

کپتان

zubar

د غاښونو ډاکتر

naučnik

ساینس پوه

rabi

بشاغلی

imam

امام

monah

مذهبي نفر

svećenik

پادري

alati

لوازم

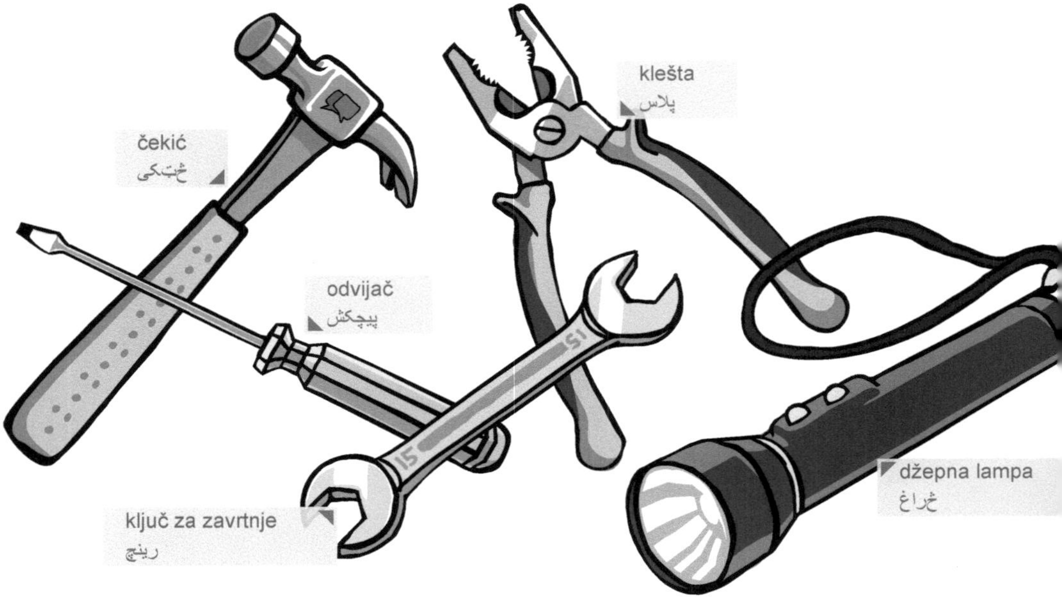

čekić
څټکی
klešta
پلاس
odvijač
پیچکش
ključ za zavrtnje
رینچ
džepna lampa
څراغ

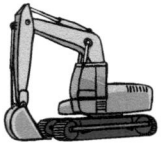

bager

کنستونکی

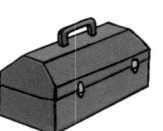

kutija za alat

د لوازمو بکس

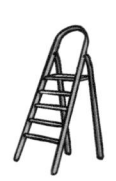

merdevine

زینه

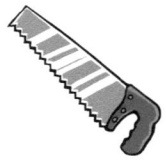

pila

اره

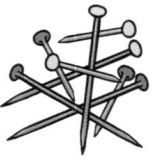

ekser

میخونه

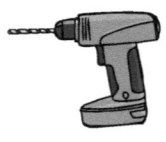

bušilica

برمه

popraviti

ترمیم کول

lopata

بیل

do đavola!

لعنت!

lopatica

خاک انداز

lonac za boju

مشوانۍ

zavrtanji

پیچونه

muzički instrument

د میوزیک آلات

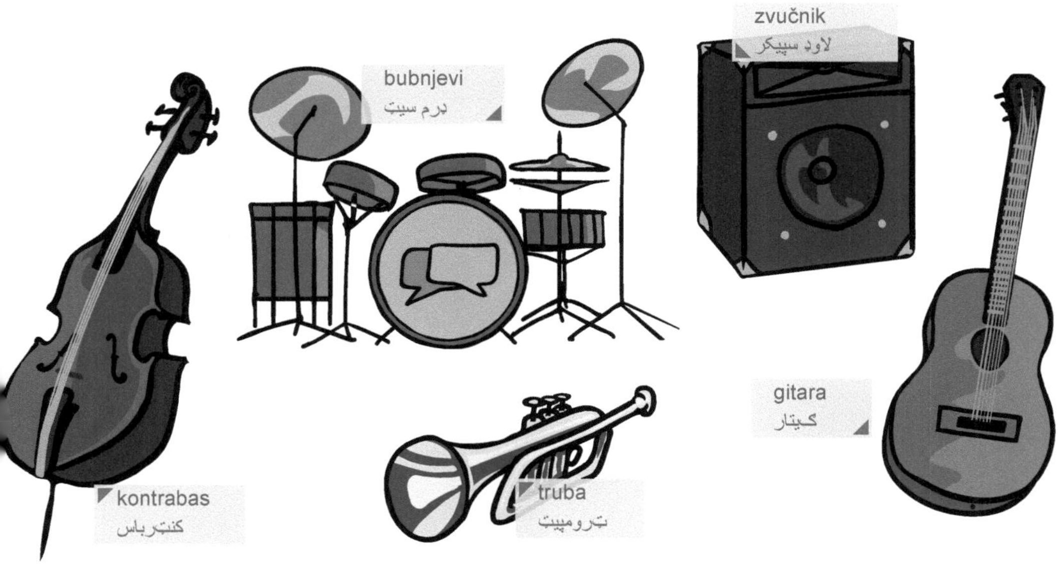

zvučnik

لاوډ سپیکر

bubnjevi

درم سییت

gitara

ګیتار

kontrabas

کنټرباس

truba

ترومپیټ

klavir

پیانو

violina

واینل

bas

باس

timpani

نغاره

udaraljke za bubnjeve

ډرمونه

tipke klavira

کي بورد

saksofon

سیکسافون

flauta

شپیلی

mikrofon

مایکروفون

zoološki vrt

ژوبڼ

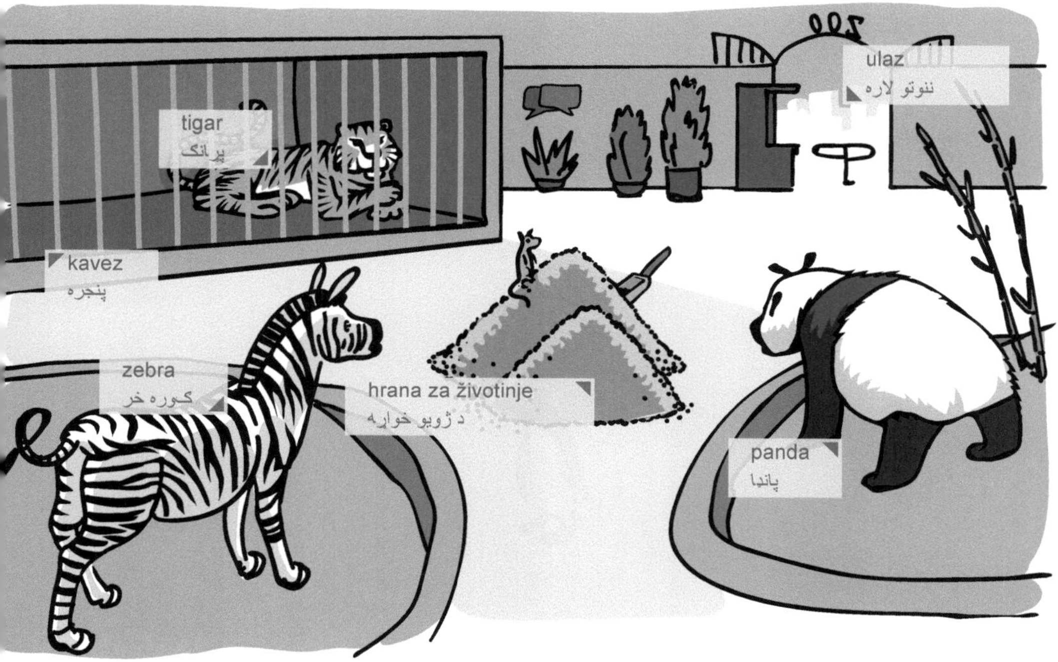
ulaz
ننوتو لاره
tigar
پړانګ
kavez
پنجره
zebra
ګوره خر
hrana za životinje
د ژویو خواړه
panda
پاندا

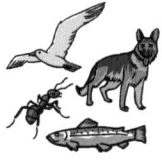

životinje

ژوی

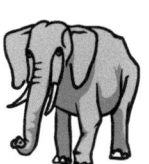

slon

هاتي

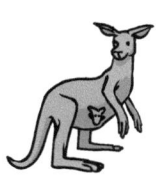

kengur

کنګرو

nosorog

د اوبو اسپ

gorila

ګوریلا

medved

ایږه

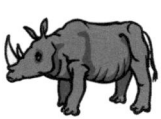

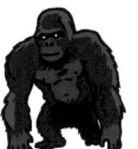

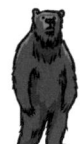

kamila

اوښ

noj

شترمرغ

lav

زمرى

majmun

بيزو

flamingo

غزى

papagaj

طوطي

polarni medved

قطبي ايره

pingvin

پينگوين

ajkula

شارک

paun

طاوس

zmija

مار

krokodil

تمساح

čuvar u zoološkom vrtu

ژوبن ساتونکى

tuljan

سيل

jaguar

جګوار

poni

يابو

leopard

پرانگ

nilski konj

هيپو

žirafa

زرافه

orao

باز

divlja svinja

نرخوک

riba

کب

kornjača

ٹمشتی

morž

سمندري نولى

lisica

گيدره

gazela

هوسی

američki nogomet
امریکایی فټبال

biciklizam
سایکل چلول

tenis
تینیس

košarka
باسکیټبال

plivanje
لامبو

boks
باکسینګ

hokej na ledu
د کنګل هاکي

fudbal
فټبال

badminton
کسیزه

atletika
د خغاستي لوبي

rukomet
د هندبال

skijanje
سکي

polo
پولو

aktivnosti
فعاليتونه

smejati se
خندل
skočiti
ټوپ وهل
zagrliti
غاړه ورکول
ići
ګرځېدل
pevati
سندرې ويل
sanjati
خوب ليدل
moliti se
عبادت کول
poljubiti
مچو کول

pisati

ليکل

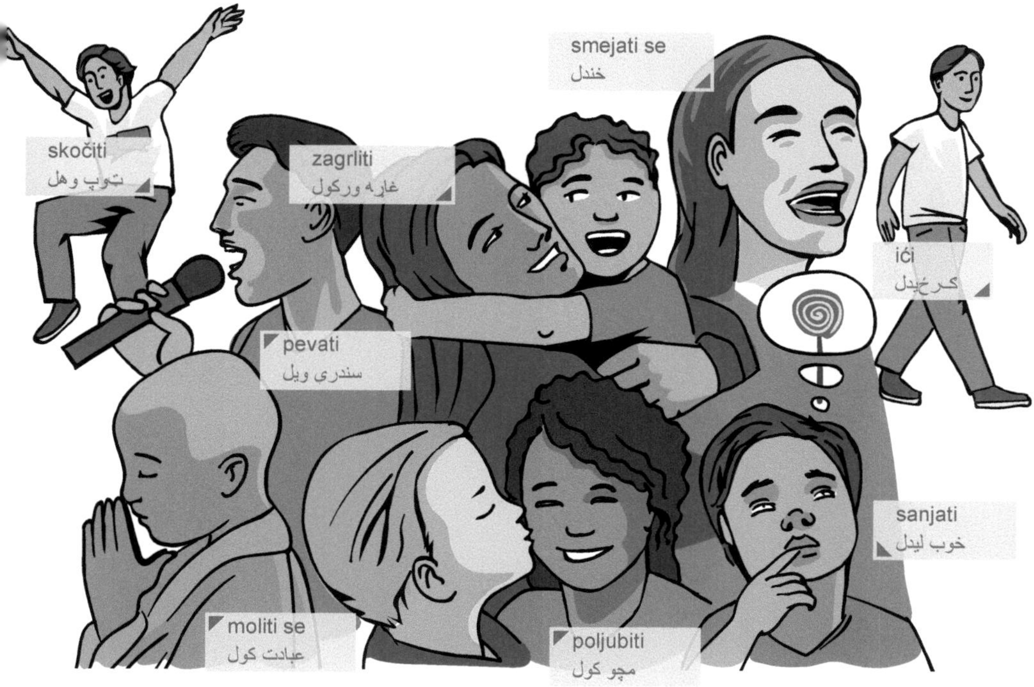

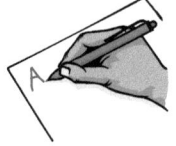

crtati

کښل

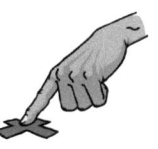

pokazati

ښودل

gurati

ټېله کول

dati

ورکول

uzeti

اخيستل

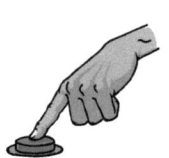

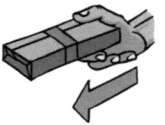

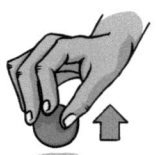

imati

درلودل

činiti

کول

biti

پاییدل

stojati

ودریدل

trčati

منډی وهل

povlačiti

راکښل

baciti

گوزارل

padati

لویدل

ležati

څملاستل

čekati

انتظار کول

nositi

ورل

sediti

کښېنیناستل

oblačiti

پوښاک اغوستل

spavati

ویده کیدل

probuditi se

پاڅېدل

gledati

کتل

plakati

ژړل

milovati

بريد کول

češljati

ګمنځ خ کول

govoriti

خبري کول

razumeti

پوهيدل

pitati

غوښتل

slušati

اوريدل

piti

څښل

jesti

خورل

pospremiti

پاکول

voleti

مينه کول

kuhati

پخلی کول

voziti

موټر چلول

leteti

الوتل

ploviti

بېرۍ چلول

računati

حساب

čitati

لوستل

učiti

زده کول

raditi

کار کول

venčati se

واده کول

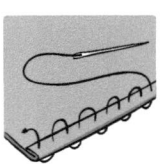

šiti

ګنډل

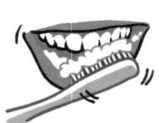

prati zube

د غاښونو برس کول

ubiti

وژل

pušiti

سګرټ څښل

poslati

لیږل

baka
نیا

deda
نیکه

otac
پلار

majka
مور

beba
ماشوم

kćerka
لور

sin
زوی

gost

میلمه

tetka

ترور

ujak, stric

کاکا/ماما

brat

ورور

sestra

خور

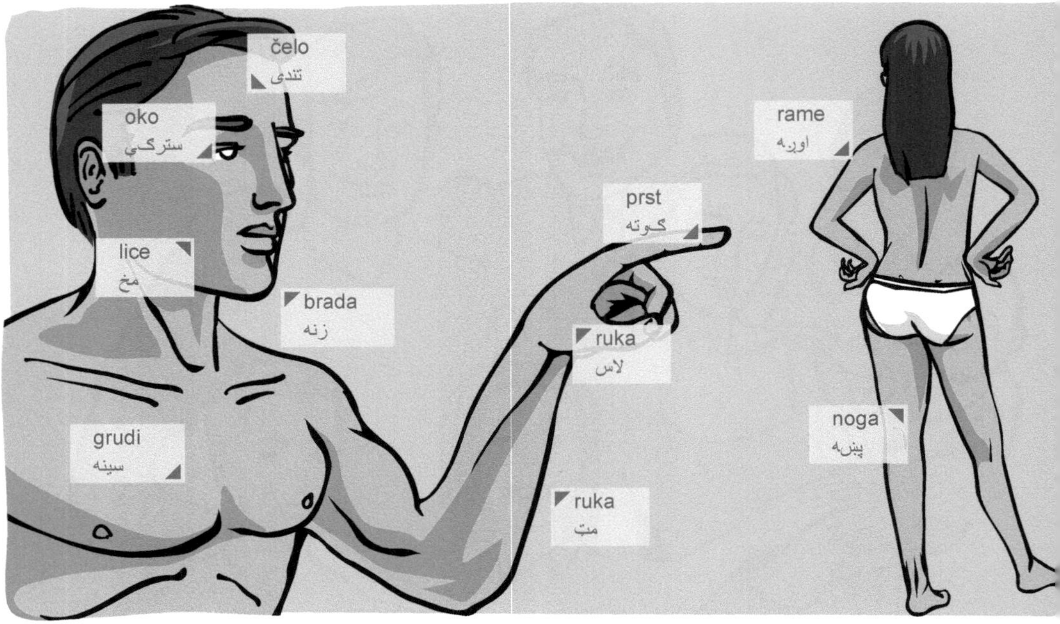

čelo
تندی

oko
سترګي

rame
اوږه

prst
ګوته

lice
مخ

brada
زنه

ruka
لاس

grudi
سینه

noga
پښه

ruka
مټ

beba

ماشوم

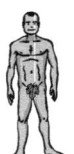

muškarac

سړی

žena

ښځه

devojčica

انجلی

dečak

هلک

glava

سر

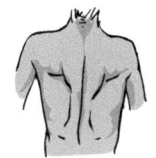

leđa

شا

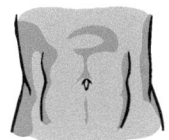

stomak

خيټه

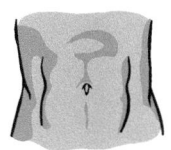

pupak

نوم

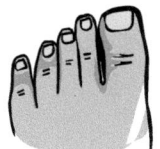

nožni prst

د پښې ګوته

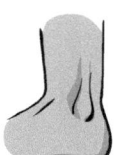

peta

پونده

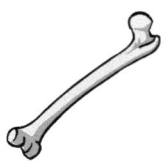

kost

هدوکی

kukovi

کوناټی

koleno

زنګون

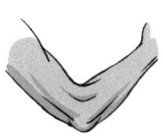

lakat

څنګل

nos

پوزه

zadnjica

لاندی برخه

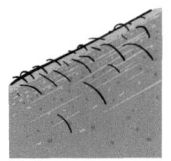

koža

پوټکی

obraz

غومبوری

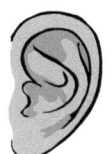

uvo

غوږ

usna

شونډه

usta

خوله

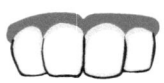

zub

غاښ

jezik

ژبه

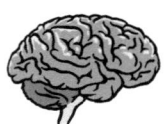

mozak

مغز

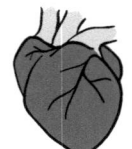

srce

زړه

mišić

عضله

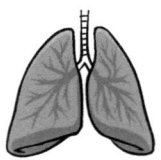

pluća

سږرى

jetra

ځيګر

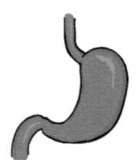

želudac

معده

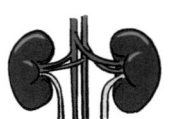

bubrezi

پښتورګي

polni odnos

جنسي نژدي والى

kondom

کاندوم

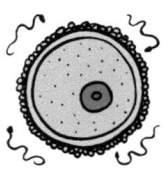

jajna ćelija

تخمه

sperma

مني

trudnoća

حمل

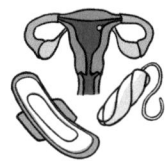

menstruacija

حيض

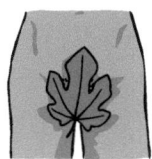

vagina

مهبل

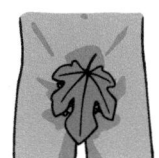

penis

د نارينه تناسلي آله

obrva

وروځی

kosa

ويښته

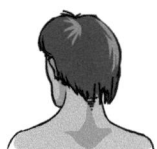

vrat

غاړه

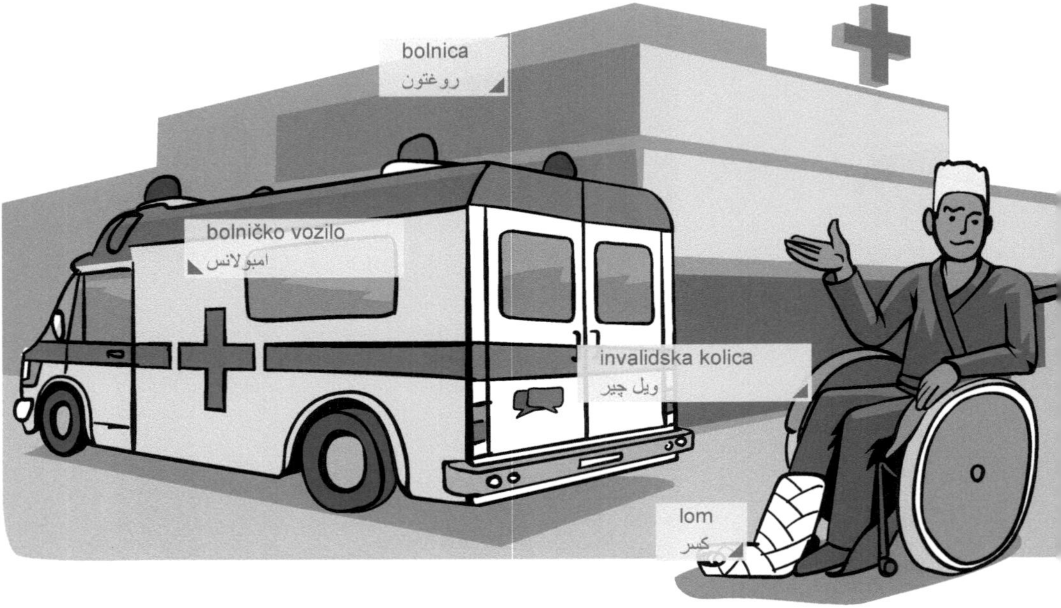

bolnica
روغتون

bolnica
روغتون
bolničko vozilo
امبولانس
invalidska kolica
ويل چير
lom
کسر

lekar

ډاکټر

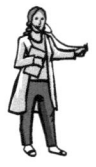

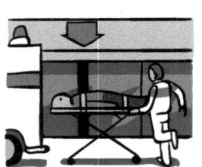

hitna medicinska služba

عاجل خونه

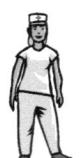

medicinska sestra

رنځورپال

hitni slučaj

عاجل

nesvest

بې هوش

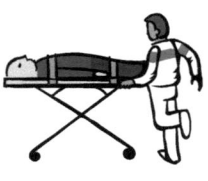

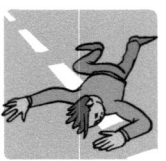

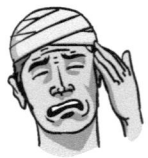

bol

درد

povreda

پټّ

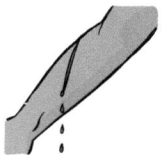

krvarenje

لدیوت هنیو

srčani udar

هلمح هرزرد

udar

برض

alergija

تیساسح

kašalj

یخوت

groznica

هبت

gripa

ازنیولفنا

proliv

یتسان سن

glavobolja

درد رس

rak

ناطرس

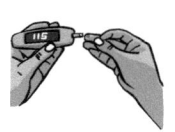

dijabetes

رکش

hirurg

حارج

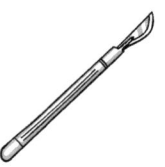

skalpel

لپلاکس

operacija

تایلمع

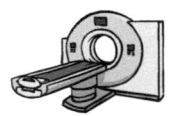

ct

سیِ‌دیّ‌تي

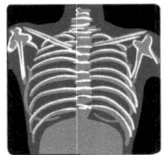

rentgen

ایکس ری

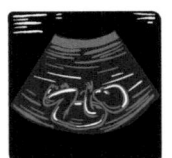

ultrazvuk

الترَاساوند

maska

د مخ ماسک

bolest

ناروغي

čekaona

انتظار خونه

štaka

امسآ

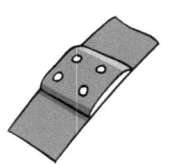

flaster

پلستر

zavoj

بنداژ

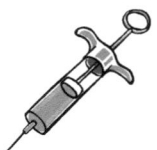

injekcija

تزریق

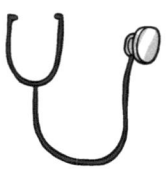

stetoskop

ستاتسکوپ

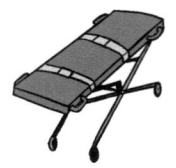

nosila

تسکیره

termometar

کلینکي ترماميتر

rođenje

زیږون

prekomerna težina

زیات وزن

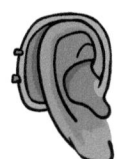

slušni aparat

د اوريدو مرسته

sredstvo za dezinfekciju

د عفونيت څخه پاکونکي مواد

infekcija

عفونيت

virus

ويروس

HIV / AIDS

ایچ.آی.وی/ایدز

medicina

درمل

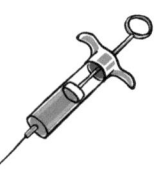

vakcinacija

واکسين

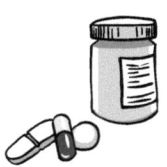

tablete

سټابليټ

pilula

ګولی

hitni poziv

عاجل تليفون

uređaj za merenje pritiska

د ويني د فشار څارونکی

bolesno / zdravo

ناروغ/روغ

pomoć!

مرسته!

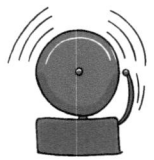

alarm

الارم

nasrtaj

يرغل

napad

بريد

opasnost

خطر

izlaz u slučaju nužde

عاجل لاره

požar!

اور!

protivpožarni aparat

د اور وژونكى

nezgoda

پیښه

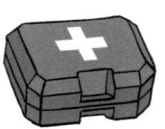

kutija prve pomoći

د لومړى مرستې لوازم

sos

ايس.او.ايس

policija

پوليس

Evropa

اروپا

Severna Amerika

شمالي امريکا

Južna Amerika

سهیلي امریکا

Afrika

افریقا

Azija

آسیا

Australija

آسټریلیا

Atlantik

اتلانتیک

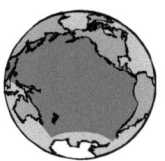

Pacifik

پاسیفیک

Indijski okean

د هند بحر

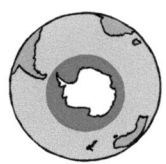

Antarktički okean

جنوبي منجمد بحر

Arktički ocean

د شمال قطب بحر

Severni pol

شمالي قطب

Južni pol

سهيلي قطب

Antarktik

انتارکتيکا

zemlja

خمکه

zemlja

خمکه

more

بحر

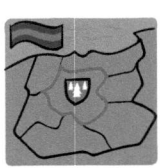

otok

ټاپو

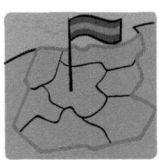

nacija

ملت

država

دولت

zemlja - خمکه

brojčanik sata

د مخي ساعت

satna kazaljka

د ساعت ستنه

minutna kazaljka

د دقیقی ستنه

sekundna kazaljka

د ثانیی ستنه

Koliko je sati?

څه وخت دی؟

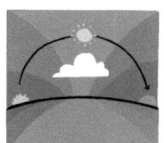

dan

ورځ

vreme

وخت

sada

اوس

digitalni sat

دیجیتل ساعت

minuta

دقیقه

čas

ساعت

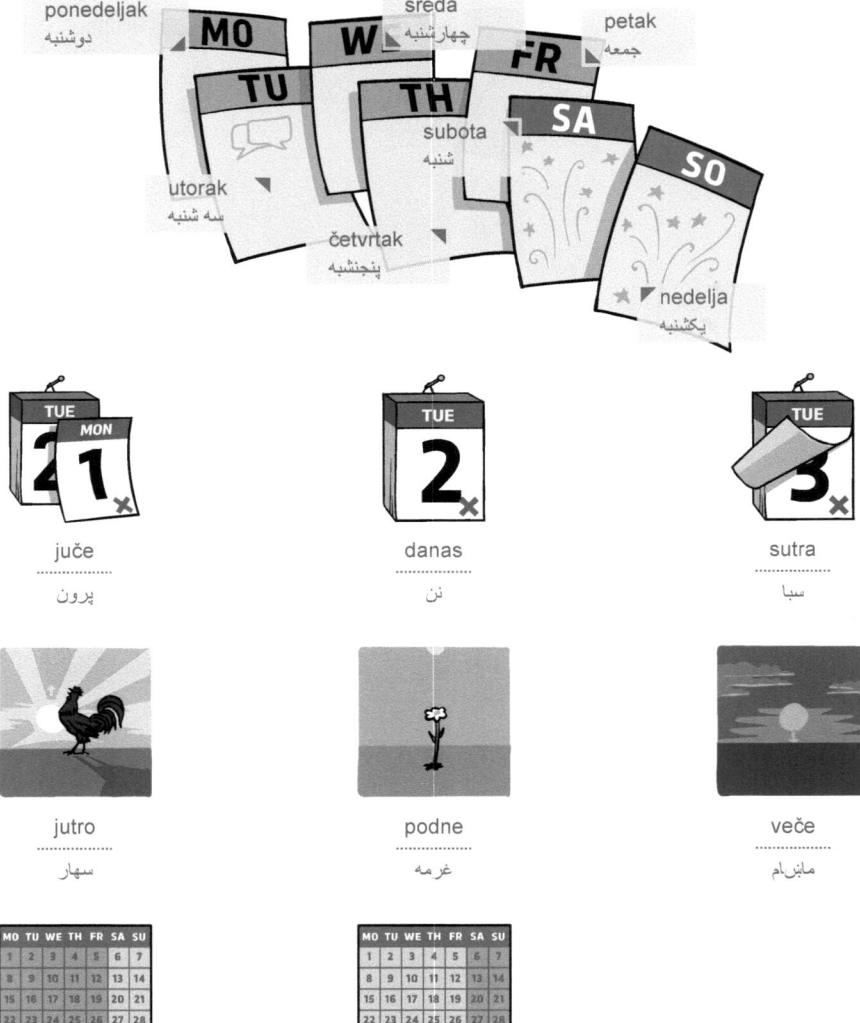

ponedeljak — دوشنبه
sreda — چهارشنبه
petak — جمعه
utorak — سه شنبه
subota — شنبه
četvrtak — پنجشنبه
nedelja — یکشنبه

juče
پرون

danas
نن

sutra
سبا

jutro
سهار

podne
غرمه

veče
ماښام

radni dani
کاري ورځي

vikend
د اونۍ پای

godina

کال

kiša
باران
duga
رنګين کمان
vetar
باد
sneg
واوره
proleće
پسرلی
jesen
منې
leto
اوړی
zima
ژمی

4.APRIL 11°
5.APRIL 4°
6.APRIL 13°
7.APRIL 8°
8.APRIL 10°

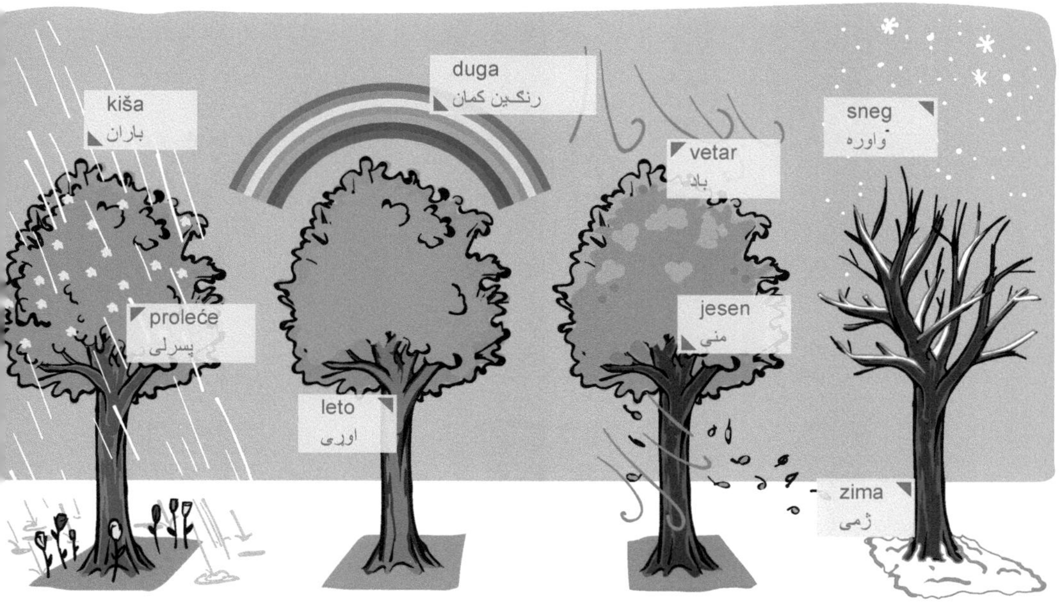

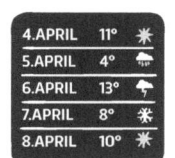

meteorološka prognoza

د موسم وړاندوينه

F
C
120
90
60
30
0
-30
40
30
20
10
0
-10
-20

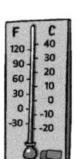

termometar

ترموميټر

sunčana svetlost

د لمر وړانګي

oblak

وريځ

magla

لړه

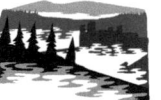

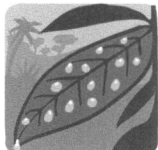

vlažnost vazduha

رطوبت

munja

رن‌ا

grmljavina

تندر

oluja

توفان

tuča

ږلی وريدل

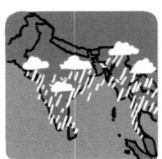

monsun

مون سون باران

poplava

سيلاب

led

يخ

januar

جنوري

februar

فبروري

mart

مارچ

april

اپريل

maj

می

juni

جون

juli

جولای

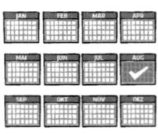

avgust

اګست

septembar

سپتمبر

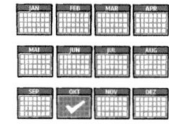

oktobar

اکتوبر

novembar

نومبر

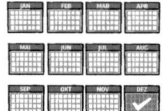

decembar

دسمبر

oblici

شکلونه

krug

دایره

kvadrat

مربع

pravougao

مستطیل

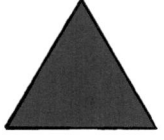

trougao

مثلث

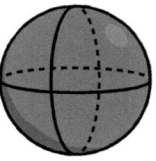

kugla

توپ

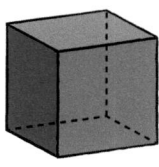

kocka

فال

bela

سپين

žuta

ژير

narandžasta

نارنجي

ružičasta

گلابي

crvena

سور

ljubičasta

ارغواني

plava

نيلي

zelena

شين

smeđa

نسواري

siva

خر

crna

تور

mnogo / malo

خوراډير/خورالږ

ljutito / mirno

قار/آرام

lepo / ružno

ښکلی/بدشکله

početak / kraj

پیلا/پای

veliko / maleno

لوی/کوچنی

svetlo / tamno

روښانه/تیاره

brat / sestra

ورور/خور

čisto / prljavo

پاک/ککر

potpuno / nepotpuno

مکمل/ناکمل

dan / noć

ورځ/شپه

mrtvo / živo

مړ/ژوندی

široko / usko

پراخه/نری

jestivo / nejestivo

د خوراک وړ/نه خوړل کیدونکی

zlo / dobro

بد/مهربان

uzbuđeno / dosadno

پاریدلی/بي خونده

debelo / mršavo

چاق/وچ

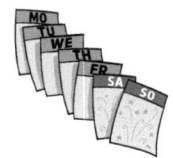

na početku / na kraju

لومړی/او روستی

prijatelj / neprijatelj

ملګری/دښمن

puno / prazno

ډک/تش

tvrdo / mekano

سخت/نرم

teško / lagano

درون/سپک

glad / žeđ

لوږه/تنده

bolesno / zdravo

ناروغ/روغ

ilegalno / legalno

غیرقانوني/قانوني

pametno / glupo

هوښیار/ساده

levo / desno

کین/ښی

blizu / daleko

نزدی/لری

novo / polovno

نوی/ازور

ništa / nešto

هیڅ/یوڅه

staro / mlado

بوډا/ځوان

uključeno / isključeno

چالان/بند

otvoreno / zatvoreno

خلاص/تړلی

tiho / glasno

غلی/پور غږ

bogato / siromašno

بډای/غریب

tačno / pogrešno

صحیح/غلط

hrapavo / glatko

زبر/ملایم

tužno / sretno

خفه/خوښ

kratko / dugo

لنډ/اوږد

polako / brzo

سست/ګرندی

mokro / suho

لوند/وچ

toplo / hladno

ګرم/یخ

rat / mir

جګړه/سوله

0	**1**	**2**
nula	jedan	dva
صفر	يو	دوه

3	**4**	**5**
tri	četiri	pet
دری	څلور	پنځه

6	**7**	**8**
šest	sedam	osam
شپږ	اوه	اته

9	**10**	**11**
devet	deset	jedanaest
نهه	لس	يولس

12
dvanaest

دولس

13
trinaest

سلیدیار

14
četrnaest

سلراوُخ

15
petnaest

سلخِنپ

16
šestnaest

سراپشُ

17
sedamnaest

وولس

18
osamnaest

سلتا

19
devetnaest

سلنون

20
dvadeset

لثِ

100
stotinu

لس

1.000
hiljadu

رز

1.000.000
milion

ميليون

engleski

انګليسي

američki engleski

امريکايي انګليسي

mandarinski kineski

چينايي مندرين

hindski

هندي

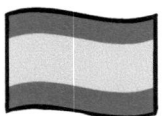

španski

هسپانوي

francuski

فرانسوي

arapski

عربي

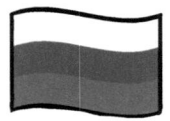

ruski

روسي

portugalski

پرتګالي

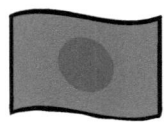

bengalski

بنګالي

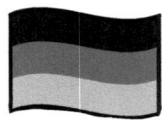

nemački

آلماني

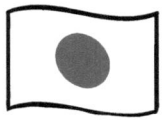

japanski

جاپاني

ja

ز‌ه

ti

ت‌ه

♂ ♀ ○

on / ona / ono

هغه/د‌غه/دا

mi

م‌وی‌ن

vi

ت‌اس‌ی

oni

دوی/ه‌غوی

Ko?

خۆک؟

Šta?

خ‌ه؟

Kako?

خ‌نگ‌ه؟

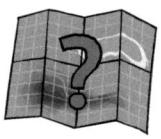

Gde?

چ‌ی‌ری؟

Kada?

ک‌له؟

ime

ن‌وم

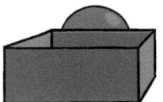

iza

شاته

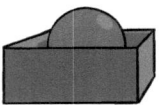

u

په

ispred

په مخه کي

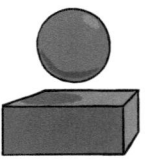

preko

باندي

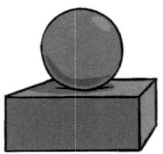

na

په

ispod

لاندي

pored

برسيره پر

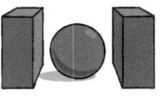

između

ترمينځ

mesto

ځای